SIMPLE RÉCIT

DES NÉGOCIATIONS INFRUCTUEUSES

QUI ONT PRÉCÉDÉ

L'ÉVASION

DE

NAPOLÉON-LOUIS BONAPARTE

Par M. Sylvestre POGGIOLI.

(Cette brochure était imprimée avant l'évasion du prince.)

PARIS.

EN VENTE CHEZ TOUS LES LIBRAIRES.

—

1846.

NAPOLÉON-LOUIS BONAPARTE

RETENU EN PRISON.

—o◦⊛◦o—

SIMPLE RÉCIT,

PAR M. SYLVESTRE POGGIOLI.

PARIS,

DE L'IMPRIMERIE BLONDEAU, RUE RAMEAU, 7,

PLACE RICHELIEU.

—

1846.

NAPOLÉON-LOUIS BONAPARTE

RETENU EN PRISON.

Honoré de la confiance de l'ancien roi de Hollande, Louis Napoléon, aujourd'hui comte de Saint-Leu, j'étais depuis quelques mois auprès de lui, tachant de lui alléger par mes soins, par mon dévoûment filial, le poids de l'isolement et de l'exil, lorsqu'il me chargea d'une mission qui, tout en me condamnant au regret de le quitter, me laissait l'espoir de lui procurer par mes démarches la dernière et la plus précieuse consolation de sa vieillesse. Le 18 août suivant, le comte de Saint-Leu me remit, pour MM. Molé, Decazes et Montalivet, trois lettres dans les quelles il priait ces messieurs d'intercéder en faveur de son fils. Il disait à l'un d'eux que la mort était préférable à la prison. La lettre adressée à

M. de Montalivet contenait ces mots : « Vous êtes père et
« vous devez bien me comprendre. »

Au moment de la séparation, le prince m'arracha des
larmes par tout ce qu'il me dit de touchant sur son état de
santé, sur son fils, sur la certitude ou il était que nous ne nous
reverrions plus, ajoutant qu'il comptait sur mon dévoûment
et mon zèle.

Je me rappelai par quelles grandeurs le noble vieillard
avait passé, le glorieux état de sa vie publique, la noblesse
et les vertus de sa vie privée ; je me le représentai porté sur
le trône, et s'y montrant supérieur même à sa destinée.

Maintenant, je le voyais accablé de souffrances, succom-
bant aux chagrins loin d'un pays encore plein de son nom, et
réduit à pleurer son fils absent, son fils prisonnier. Je le
quittai, le cœur rempli d'émotion et de respect.

J'arrivai à Paris le 1er septembre. Je n'y trouvai aucune des trois personnes auxquelles l'ancien roi de Hollande
avait écrit, et ce fut à la fin d'octobre seulement que je pus
remettre à M. Decazes la lettre qui lui était adressée.

M. Decazes me fit bon accueil et eut avec moi une conversation d'une heure et demie. Je le revis le 2 novembre. Dans
cette seconde visite, il me dit qu'il avait communiqué la
lettre du comte de Saint-Leu : d'abord, au maréchal Soult,
président du conseil ; ensuite à M. Duchâtel, et enfin à
M. Guizot, lequel s'était chargé de la présenter au roi. J'in-
sistai pour que M. Decazes voulût bien faire auprès du roi
une démarche personnelle ; il me le promit, et m'engagea à
venir le voir le lendemain du jour où le *Moniteur* aurait an-
noncé l'accouchement de la princesse de Joinville. Je me

rendis donc le 7 chez **M.** le grand référendaire. Il m'apprit qu'il n'avait pas pu parler au roi. L'entretien fut court cette fois; et je remarquai dans **M.** le duc une certaine contrainte. Devais-je attribuer un changement si imprévu au regret que **M.** Decazes éprouvait de n'avoir pu encore rien tenter pour le fils de celui dont il fut le secrétaire et l'ami? Je résolus de lui laisser tout le temps que la reconnaissance pouvait juger nécessaire, et j'attendis le 22 décembre pour hasarder une nouvelle visite. Ce fut la dernière. Car je n'eus pas de peine à me convaincre que si **M.** Decazes avait la mémoire des choses récentes, il n'avait pas celle des choses anciennes.

M. le comte Molé, auquel j'avais écrit le 25 octobre, me répondit de Champlatreux le 5 novembre et me reçut le 7 avec les marques de la plus grande bienveillance. Informé déjà de l'objet de ma demande, il se montra touché de la confiance que le comte de Saint-Leu avait mise en lui et prêt à faire tous ses efforts pour la justifier. Il est certain pour moi qu'il a tenu parole, et j'ai la conviction que le résultat désiré eût été obtenu, si **M.** Molé eût été au ministère. Le comte de Saint-Leu, du reste, ne doutait pas qn'il n'en fût ainsi, et il m'avait dit professer pour le talent et le caractère de **M.** le comte Molé une estime à laquelle j'ai bien vu que celui-ci répondait par une haute vénération et d'honorables sympathies.

Pour ce qui est de **M.** le comte Montalivet, je dus lui écrire trois lettres avant d'obtenir une audience. Je lui disais dans la dernière de ces trois lettres, que ne recevant pas de réponse, je le priais de me faire savoir si je devais attribuer son silence à un oubli, ou le considérer comme un refus de recevoir la lettre de l'ancien roi de Hollande. Le jour même, audience me fut accordée pour le 12 novembre. M. de Montalivet s'étendit, non sans quelque affectation, sur l'admirable mécanisme du gouvernement constitutionnel, laissant toutefois de côté le pouvoir exécutif sur lequel je ramenais sans cesse la pensée de mon interlocuteur, comme sur celui de qui tout dépendait. « Je parlerai à M. Duchâtel, me dit « M. de Montalivet quand je le quittai, et je vous ferai con- « naître sous peu de jours le résultat de la conversation que « j'aurai eue avec ce ministre. » La réponse, je l'attends encore.

J'avais échoué dans mes démarches : j'en informai l'ancien roi de Hollande et le prince Napoléon-Louis, et fis savoir à ce dernier qu'on m'avait parlé vaguement de garanties sans en formuler aucune. Le prince alors m'envoya, à la date du 25 décembre, une lettre qu'il me chargeait de faire tenir à M. Duchâtel, et que voici :

Fort de Ham, le 25 décembre 1845.

Monsieur le ministre de l'intérieur,

Mon père, dont la santé et l'âge réclament les soins d'un fils, a demandé au gouvernement qu'il me soit permis de me rendre auprès de lui.

Ses démarches sont restées sans résultat.

Le gouvernement, m'écrit-on, exige de moi une garantie formelle.

Dans cette circonstance ma résolution ne saurait être douteuse. Je dois faire tout ce qui est compatible avec mon honneur pour pouvoir offrir à mon père les consolations qu'il mérite à tant de titres.

Je viens donc, Monsieur le ministre, vous déclarer que si le gouvernement français consent à me permettre d'aller à Florence remplir un devoir sacré, je m'engage sur l'honneur à revenir me constituer prisonnier dès que le gouvernement m'en témoignera le désir.

Recevez, Monsieur le ministre, l'expression de ma haute estime.

Signé : Napoléon-Louis BONAPARTE.

Je vous envoie, Monsieur le comte, cette lettre par M. le commandant de Ham, mais en même temps je charge M. Poggioli de vous en remettre un duplicata.

En même temps, le prince me faisait part de la résolution qu'il avait prise de faire passer avant la question de sa liberté celle de son honneur. « La garantie que j'offre, m'écrivait-il, est la seule réelle pour le gouvernement, et la seule que je puisse honorablement offrir. »

Le 26 décembre, je demandai une audience à M. le ministre de l'intérieur. Je le vis le 29, et je ne pus obtenir de lui que les paroles suivantes : « J'avais déjà reçu directement « la lettre du prince. C'est une affaire grave ; je la sou- « mettrai au conseil des ministres. » Le jour convenu, savoir, le 2 janvier, je me présentai chez M. le ministre pour connaître la décision. M. Duchâtel me dit : « Le conseil a « décidé qu'on ne pouvait admettre la demande du prince « parce qu'elle est contraire aux lois, et parce que ce serait « accorder la grâce pleine et entière sans que le roi en eût « le mérite. » Il ajouta : « Voulez-vous vous charger de « transmettre au prince cette réponse? — C'est ce que je

« ferai ; mais, puisque le prince vous a écrit, M. le ministre,
« je vous prie de lui répondre directement et officielle-
« ment. »

Pour notifier au prisonnier le refus du gouvernement,
M. Duchâtel eut recours à l'entremise du commandant du
fort, et la dépêche du 5 janvier contenait ces paroles :
« Veuillez dire de ma part, au prince, que j'ai soumis cette
« demande au conseil des ministres, et que le conseil n'a
« pas cru pouvoir l'accueillir. Cette mise en liberté provi-
« soire serait la grâce déguisée; et, quel que soit le rang de
« ceux qui ont été condamnés, la grâce ne peut être obte-
« nue que de la clémence du roi. »

Quelques jours après je partis pour Ham, afin d'instruire
le prince de tout ce qui s'était passé : mon appréciation
coïncidant avec ce que plusieurs personnes avaient déjà in-
sinué au prisonnier, il prit le parti de s'adresser directement
au roi ; et il écrivit, le 14 janvier, la lettre suivante, comme
le plus grand sacrifice qu'il lui fût donné de faire aux devoirs
de la piété filiale :

SIRE,

Ce n'est pas sans une vive émotion que je viens demander à Votre
Majesté, comme un bienfait, la permission de quitter, même momen-
tanément, la France, moi qui ai trouvé depuis cinq ans, dans l'air de
la patrie, un ample dédommagement aux tourments de la captivité :
mais aujourd'hui mon père malade et infirme réclame mes soins, il
s'est adressé, pour obtenir ma liberté, à des personnes connues par
leur dévouement à Votre Majesté : il est de mon devoir de faire de mon
côté tout ce qui dépend de moi pour aller auprès de lui.

Le conseil des ministres, n'ayant pas cru qu'il fût de sa compétence d'accepter la demande que j'avais faite d'aller à Florence, en m'engageant à revenir me constituer prisonnier dès que le gouvernement m'en témoignerait le désir, je viens, Sire, avec confiance faire appel aux sentiments d'humanité de Votre Majesté, et renouveler ma demande en la soumettant, Sire, à votre haute et généreuse intervention.

Votre Majesté, j'en suis convaincu, appréciera, comme elle le mérite, une démarche qui engage d'avance ma reconnaissance, et touchée de la position isolée sur une terre étrangère d'un homme qui mérita sur le trône l'estime de l'Europe, elle exaucera les vœux de mon père et les miens propres.

Je prie, Sire, Votre Majesté, de recevoir l'expression de mon profond respect.

Signé : Napoléon-Louis BONAPARTE.

Fort de Ham, le 14 janvier 1846.

J'étais chargé de porter la lettre qu'on vient de lire au prince de la Moskowa, qui lui-même devait la remettre au roi. En la recevant, le roi parut satisfait, et, sans la décacheter, il déclara qu'il trouvait suffisante la garantie précédemment offerte par le prisonnier de Ham. Et pourtant, le prince eut à essuyer un nouveau refus, plus dur encore que le premier. La copie de sa lettre au roi ayant été envoyée aux ministres, par l'entremise du commandant du fort, M. Duchâtel répondit, le 25 janvier, que le conseil des ministres avait délibéré *sur la copie* de la lettre, et que le résultat de la délibération était que : « Ce serait la grâce par

« voie indirecte ; et, pour que la clémence du roi puisse
« s'exercer, il faut que la grâce soit méritée et franchement
« avouée. »

Qu'en traçant de semblables lignes M. Duchâtel ait oublié
que le prisonnier auquel il les destinait avait pour père un
homme illustre par ses talents et ses vertus, et avait eu pour
oncle Napoléon ; qu'il n'ait pas songé à tant de maisons ré-
gnantes auxquelles tient par les nœuds de la parenté et de
l'alliance la famille dont le fort de Ham renferme le coura-
geux représentant ; il y a là, certes, de quoi étonner ; mais
combien n'est-il pas plus étonnant encore que M. Duchatel
ait oublié que lui-même est fils d'un dignitaire de l'Empire ?

A la nouvelle d'un refus auquel devaient si peu s'attendre
les âmes généreuses, plusieurs députés s'émurent ; les jour-
naux commencèrent à gronder, et l'honorable M. Odilon-
Barrot s'empressa d'intervenir officieusement auprès de
M. Duchâtel pour le faire revenir sur la décision prise. Le
conseil fut convoqué et persista. M. Odilon-Barrot eut alors
l'idée de rédiger un modèle de lettre que M. Duchâtel an-
nota de sa main, et qui, si le prisonnier consentait à la signer, devait peut-être, disait-on, lui ouvrir les portes de sa
prison.

Modèle de lettre à signer.

Sire,

Mon père a fait parvenir à Votre Majesté un vœu que recommande
l'état de sa santé et les infortunes qui ont rempli et honoré sa vie :

j'avais cru faciliter la réalisation de ce vœu en prenant l'engagement de me reconstituer prisonnier aussitôt que le désir m'en serait manifesté. J'espérais que le gouvernement de Votre Majesté verrait dans cet engagement une garantie de plus et un lien nouveau ajouté à ceux que devra m'imposer la reconnaissance : mais puisque cet engagement a soulevé des objections, je le retire pour me réunir purement et simplement au vœu de mon père et me confier aux généreuses inspirations de Votre Majesté.

Lorsqu'en vous transmettant ma prière, Sire, je vous parlais de reconnaissance, c'est spontanément et avec la conscience du devoir qu'elle impose.

Je prie Votre Majesté, etc.

Cette lettre qu'accompagnait celle que M. Odilon-Barrot adressait au prince et au bas de laquelle plusieurs députés avaient mis leurs noms d'une manière approbative, fut confiée à mes soins et je partis de nouveau pour Ham. Mais le prince avait pris, avec lui-même, l'engagement *de ne pas faire un pas de plus,* comme il l'avait mandé au prince de la Moskowa.

Il n'eut pas plus tôt jeté les yeux sur le projet en question, qu'il s'écria : « Je suis très reconnaissant de l'intérêt que ces « messieurs prennent à ma position, mais je ne signerai ja- « mais une pareille lettre. Vous ne leur avez donc pas dit, « mon cher Poggioli, que j'étais décidé à ne pas aller plus « loin ? J'ai écrit à mon père que pour recevoir ses embras- « sements et sa bénédiction, je traverserais tout, excepté la « honte. Il est des limites que le soin de mon honneur m'in- « terdit de franchir. Je mourrai en prison si des rigueurs

« sans exemple m'y condamnent, mais on ne m'aménera ja-
« mais à abaisser mon caractère. Mon père, d'ailleurs, qui
« a porté dans la bonne et la mauvaise fortune un cœur si
« ferme et si constant, mon père qui a pris pour devise : *Fais*
« *ce que dois, advienne que pourra*, mon père, j'en suis sûr,
« trouverait ma liberté achetée trop cher, si elle l'était au
« prix de ma dignité et du respect que je dois à mon
« nom. »

Et le lendemain il me remit la lettre suivante, écrite sous
l'empire de la plus noble émotion dont il m'ait jamais été
donné d'être le témoin.

Fort de Ham, le 2 février 1846.

Monsieur,

Permettez-moi, avant de répondre à la lettre que vous avez bien
voulu m'écrire, de vous remercier, ainsi que vos amis politiques, de
l'intérêt que vous m'avez témoigné, et des démarches spontanées que
vous avez cru devoir faire pour alléger le poids de mon infortune.
Croyez que ma reconnaissance ne manquera jamais aux hommes généreux qui, dans des circonstances si pénibles, m'ont tendu une main
amie.

Maintenant, je dois vous dire pourquoi je ne crois pas devoir signer
la lettre dont vous m'envoyez le modèle. L'homme de cœur qui se
trouve seul en face de l'adversité, seul en présence d'ennemis inté-
ressés à l'avilir, doit éviter tout subterfuge, toute équivoque, et mettre
la plus grande netteté dans ses démarches ; comme la femme de César,
il faut qu'il ne puisse pas même être soupçonné. Si je signais la lettre

que vous et beaucoup de députés m'engagez à signer, je demanderais réellement grâce sans oser l'avouer; je me cacherais derrière la demande de mon père comme un poltron qui s'abrite derrière un arbre pour éviter le boulet. Je trouve cette conduite peu digne de moi. Si je croyais honorable et convenable d'invoquer purement et simplement la clémence royale, j'écrirais au roi : Sire, je demande grâce.

Mais telle n'est point mon intention. Depuis bientôt six ans, je supporte sans me plaindre une réclusion qui est une des conséquences naturelles de mes attaques contre le gouvernement. Je la supporterai encore dix ans, s'il le faut, sans accuser ni le sort, ni les hommes! Je souffre; mais tous les jours je me dis : Je suis en France, je conserve mon honneur intact, je vis sans joies, mais aussi sans remords, et tous les soirs je m'endors satisfait. Rien de mon côté ne serait venu troubler ce calme de ma conscience, ce silence de ma vie, si mon père ne m'eût manifesté le désir de me revoir auprès de lui pendant ses vieux jours. Mon devoir de fils vint m'arracher à ma résignation, et je me décidai à une démarche dont je pesai toute la gravité, mais qui portait en elle ce caractère de franchise et de loyauté que je désire mettre dans toutes mes actions. J'écrivis au chef de l'État, à celui-là seul qui eût le droit légal de changer ma position; je lui demandai d'aller auprès de mon père; je lui parlai *de bienfait, d'humanité, de reconnaissance,* parce que je ne crains pas d'appeler les choses par leur nom. Le roi a paru satisfait de ma lettre; il a dit au digne fils du maréchal Ney, qui avait bien voulu se charger de la remettre, que la garantie que j'offrais était suffisante; mais il n'a point encore fait connaître sa détermination. Les ministres, au contraire, statuant sur une copie de ma lettre au roi, que je leur avais envoyée par déférence, abusant de ma position et de la leur, m'ont fait transmettre une réponse qui prouve un grand mépris pour le malheur. Sous le coup d'un pareil refus, ne connaissant même pas encore la décision du roi, mon devoir est de m'abstenir de toute démarche, et surtout de ne pas souscrire à une demande en grâce déguisée en piété filiale.

Je maintiens tout ce que j'ai dit dans ma lettre au roi, parce que les sentiments que j'y ai manifestés étaient profondément sentis et me paraissent convenables ; mais je n'avancerai pas d'une ligne. Le chemin de l'honneur est étroit et mouvant ; il n'y a qu'un travers de main entre la terre ferme et l'abîme.

D'ailleurs croyez-le bien, Monsieur, si je signais la lettre dont il s'agit, on se montrerait encore plus exigeant. Le 25 décembre, j'écris une lettre assez sèche à M. le ministre de l'intérieur, pour lui demander d'aller auprès de mon père. On me répond poliment. Le 14 janvier, je me décide à une démarche très grave de ma part, j'écris au roi une lettre où je n'épargne aucune des expressions que je crois convenables à la réussite de ma demande. On me répond par une impertinence.

Ma position est claire et simple, je suis captif ; mais je me console en respirant l'air de la patrie. Un devoir sacré m'appelle auprès de mon père, et je dis au gouvernement : Une circonstance impérieuse me force à vous demander comme un bienfait de sortir de France. Si vous m'accordez ma demande, comptez sur ma reconnaissance, et comptez-y d'autant plus que votre décision aura l'empreinte de la générosité ; car il n'y a aucun compte à faire de la reconnaissance de ceux qui auraient consenti à s'humilier pour obtenir un avantage.

En résumé, j'attends avec calme la décision du roi, de cet homme qui a comme moi traversé trente années de malheur.

Je compte sur l'appui et la sympathie des hommes généreux et indépendants comme vous.

Du reste, je m'en remets à la destinée, et je m'enveloppe d'avance dans ma résignation.

Recevez, Monsieur, la nouvelle assurance de ma haute estime.

Signé : Napoléon-Louis BONAPARTE.

Ici se termine le récit de ce qui m'est personnel dans ces négociations. Je laisse à d'autres le soin de faire connaître, soit du haut de la tribune, soit dans la presse, l'impression produite par la noble résignation du prince et les démarches infructueuses faites en derniér lieu par un très grand nombre de députés réunis et notamment par **M. Odilon-Barrot** qui, tout en s'intéressant à une grande infortune, croyait donner une véritable preuve de sympathie à la dynastie nouvelle en provoquant un acte qui aurait honoré un règne.